# SUCCESSIVE >>>> APPROXIMATIONS

ENGLISH | SPANISH

Lolbé González Arceo

TRANSLATED FROM THE SPANISH BY : **ARTHUR MALCOLM DIXON**

FOREWORD BY : **GABRIELA KIZER**

*'Alliter*a*t*ion

SUCCESSIVE APPROXIMATIONS | LOLBÉ GONZÁLEZ ARCEO
Translated from the Spanish by Arthur Malcolm Dixon
First edition in English in June 2024

© Lolbé González Arceo
© Foreword by Gabriela Kizer
© Alliteration Publishing, 2024

www.thealliteration.us

Design by Elena Roosen
Cover by Andrea Martínez
Proofreading by Tess Rankin & Félix García
Editorial Coordination by Amayra Velón

ISBN: 979-8-9909355-0-1

# THE POWER OF LONGING

While *Successive Approximations* brings together three volumes of poetry (*Successive Approximations, All the Salt,* and *Quiscalus mexicanus*), the conjunction between them is what gives the book its intimate cohesion. This conjunction is owed, despite the volumes' different registers, to a tone, to the integrity of a single existential and formal pursuit (as we read in the verdict of the fifth Concurso Anual de Poesía Lugar Comun) that animates Lolbé González Arceo's writing from start to finish.

First and foremost, we hold in our hands a meditation on language: the name that never becomes one's own, the bond between reality and the words with which we try to grasp and configure it. Perhaps the object or end of these approximations is less important than the movement that occasions and stimulates them. The title that encompasses this set of poems is therefore apt: approaches to and from a word that questions, doubts, and is sometimes quite skeptical. The force that moves this poetry is not, seemingly, the possibility of revelation or encounter, but rather approaches, closenesses that heighten "the power of longing."

This is how writing fosters introspection, a decoding of one's own identity, its connections and peculiarities. Lolbé has said it herself in an interview: "Sometimes, in the writing process, you hear a voice you hardly recognize. In some cases, it's hard to tell if you need to prick up your ears and take note or put your hands over them (I-can't-hear-you-I-can't-hear-you) and wait for that voice to fall silent." Woven into this tension is the tone I mentioned earlier, and here we start to see the images, the family legacies of memory. So much so that her "Ars Poetica" is an homage to the guiding figure of her grandmother: an exploration of filiation, of mourning, of absence and how to tell its story. This is also a discourse on—and born of—childhood and adolescence: from linguistic mischief (changing the meanings of words and then hiding to watch her younger sister use them incorrectly) to a certain irreverence and cheek; from the emergence of desire, sexuality, and solitude to the fears and wounds of the female body, its varying versions, its place of enunciation, the antiquity of its sorrow ("all the salt," "tear," "thirst," "brine").

Following a path of its own, the "crooked ruler line drawn down your back" is also a crookedness of syntax, of the poem's course. At times the verses pause, generating emptinesses, ellipses that seem to slow meaning to a halt (I-can't-hear-you-I-can't-hear-you) when really they render it all the more powerful. This movement is tempered by the honesty, charm, and sense of humor that permeate the book, and also by a certain neutral modulation that spurns lamentation. There is no pretense here; this is a matter of struggling with danger and innocence, the beauty and absurdity of memory and of the moment: "maybe drinking water is the one thing you can do / that's guaranteed not to bring about destruction."

The image with which the book closes in on itself leads us back to its "Ars Poetica" and stands in counterpoint to the simple gesture that came before: the drama, the ritual of dismembering the *Quiscalus mexicanus* ("one of those black ones you always see in parks") and the encounter between little girl and grandmother: another version of one's own body. Its doors shut in the same way that poetry often stitches its pieces together: as if behind a curtain, as if in a dream.

GABRIELA KIZER
Caracas, 2024

# SUCCESSIVE >>>> APPROXIMATIONS

| ENGLISH | SPANISH |

Lolbé González Arceo

# SUCCESSIVE APPROXIMATIONS

*APROXIMACIONES SUCESIVAS*

> *and still there are doors left ajar*
> *purging or bewailing the shifty wind of memory*
> *a record scratched before it was ever used*
> *tinted with the humor of the times*
> BLANCA VARELA, tr. Lisa Allen Ortiz
> *"Monsieur Monod cannot sing"*

*Desiré*

> *¿Qué tanto del deseo habita*
> *en la palabra deseo?*
> ANA MARTINS MARQUES
> (Trad. Sergio Ernesto Ríos)

*Mi madre planeaba otro nombre para mí*
*no se lo permitieron*
*Yo iba a ser Desiré*
*pero una hermana suya le dijo*
*ese nombre es colocarla demasiado cerca de la carne*
*peligrosamente próxima al pecado*

*así que mi madre guardó el nombre y el deseo*
*los reservó para su siguiente parto*

*a mí me quedó un nombre extraño que eligió mi abuela*
*me quedó también la posibilidad del deseo*
*que no llega a concretarse*
*la potencia del anhelo.*

**Desiré**

> *How much of desire dwells*
> *in the word desire?*
> ANA MARTINS MARQUES

My mother had another name in mind for me
they didn't let her
I was going to be Desiré
but one of her sisters told her
that name puts her too close to the flesh
dangerously adjacent to sin

so my mother put away name and desire
she saved them for her next labor

I was left with a funny name my grandma picked
and also with the chance of desire
that never quite takes shape
the power of longing.

## Accidente geográfico

Los accidentes geográficos, decía el libro de texto, podían ser montañas, cordilleras, mesetas, hondonadas. Era esa mi primera vez frente a la improbable unión de ambos términos.
¿Por qué accidentes? quise saber
    nada más
    así se dice
accidente, hasta donde yo sé, es algo que ocurre sin querer:
        derramar el jugo sobre la mesa del desayuno
        tropezar con una persona
        la colisión de un auto con otro
pero accidente geográfico me hizo pensar
    en la existencia de alguien con un plan
    por supuesto, un plan sin accidentes
    los accidentes no se planean, es lo que dicen
las compañías de seguros

¿quién estaba entonces detrás de ese plan de hacer la superficie terrestre de cierta forma?
¿era Dios? ¿los científicos?
"hágase tu voluntad en la tierra como en el cielo"
repetía cada viernes primero del mes        confiada
ese día, frente al libro,
supe que a veces a Dios tampoco le salen bien las cosas.

## Geographic Accident

Geographic accidents, the textbook said, could be mountains, mountain ranges, plateaus, hollows. It was my first time up against the improbable union of these two words.
Why *accidents*? I asked
    because
        that's how it's said
an accident, as far as I'm concerned, is something that was not supposed to happen:
                spilling juice on the breakfast table
                bumping into someone
                one car hitting another
    but *geographic accident* made me think
    there must be someone with a plan
        a plan, of course, sans accidents
            accidents are not planned for, that's what the insurance companies say

so who was behind that plan to give the surface of the earth a certain shape?
God? scientists?
"your will be done on earth as it is in heaven"
I repeated every first Friday of the month         trusting
that day, reading that book,
I learned sometimes even God messes up.

## Una cuestión de consanguinidad

> *¿Se podría para este efecto*
> *para sustituir los vocablos*
> *repetición / cacofonía*
> *usar la palabra hermana?*
> SARA URIBE

*¿Te acuerdas?* Señalábamos cada objeto de la tienda departamental a fin de pactar, en una legislación que solo nos abarcaba a nosotras dos, las normas de la propiedad privada imaginaria. *¿Te acuerdas?* Bastaba un mío *pronunciado a tiempo*. Quien mostraba más cosas se ufanaba reina de la mercancía, de la mercería, del supermercado, del panteón. A lo lejos *el* ya nos vamos. Entonces lo perdíamos todo para volver a empezar. *¿Te acuerdas?*, hubo un tiempo en el que todavía era fácil engañarte. Te pedía que me regalaras tus vestidos en el futuro, cuando yo fuera pequeña otra vez. Cambiaba el significado de las palabras y me escondía para verte utilizarlas. De lo que sigue no te acordarás, dicen que la memoria se construye con lenguaje y tú eras demasiado nueva en el mundo. De esto no te acordarás, confieso, pero tracé una línea con plumón verde océano en el sofá. Verde estuve aquí y quería ver qué pasaba. Verde comprobé que la tinta no se borra de la tela con facilidad. Verde ahora no tóxico. El color del arrepentimiento desde entonces. Añadí una curva para hacerlo parecer un dos, esa semana tú habías visto los números en la escuela y así fue más sencillo culparte. No sé si te acuerdes, pero jamás comprendí tu afán de quedarte sentada junto a la puerta mientras ellos discutían. La necesidad de escuchar con claridad cada palabra a fin de llorarla después a solas. De tomar registro para el sufrimiento documentado *¿Te acuerdas?*, nos amenazaban con enviar a una a China y a la otra a Rusia, para que nunca volviéramos a discutir. Pero nuestro desconocimiento de geografía y de distancias nos hizo mirar la sentencia como quien ve llover y no se moja.

## A Matter of Consanguinity

> *Might we then*
> *in place of the terms*
> *repetition / cacophony*
> *use the word sister?*
> SARA URIBE

Remember? We would point at every item in the department store to lay down, with legislation covering just us two, the laws of imaginary private property. Remember? A *mine* uttered at the right time was enough. Whoever called the most things proclaimed herself the queen of products, of supplies, of the supermarket, of the pantheon. Far away, the *Kids, we're leaving.* Then we lost it all to start again. Remember? Once it was still easy to trick you. I would ask you to lend me your dresses in the future, when I was little again. I would switch the meanings of words and hide to watch you use them. You won't remember what I'm about to say, they say memory is made of language and you were too new in the world. You won't remember this, but I confess, I drew a line in sea-green marker down the couch. Green I was here and I wanted to see what would happen. Green I checked the ink could not be easily wiped off fabric. Green now nontoxic. The color of regret since then. I added a curve so it looked like a two, that week you had done numbers at school and this made it easier to blame you. I don't know if you'll remember this, but I never understood why you insisted on sitting by the door while they fought. Your need to listen carefully to every single word just so you could cry over each one after, alone. To take notes for documented suffering. Remember? They would threaten to send one of us to China and the other to Russia, so we'd never fight again. But our ignorance of geography and distance made us see this sentence like someone who watches rain and doesn't get wet.

# Curva escoliótica l2-l4

*En la búsqueda de la forma*
*se me distrajo el cuerpo*
ELISA DÍAZ CASTELO

### I

He aquí la forma en la que te distinguirás del resto: El renglón torcido de dios trazado sobre la espalda. O bien, una sección de la columna manifestará su descontento. Será este el primer fallo observable a contraluz en una radiografía de tórax. Sábete distinta.

### II
*La consigna será corregir:*
*fajas, cinturones, corsés, plantillas,*
*clases de natación, cama ortopédica,*
*zapatos especiales.*

### III

Ella te mirará con tristeza «seguro se lo heredaste a tu padre» implícito reclamo / tácito deseo, de estar a tiempo de resolver una elección anterior. Toda la energía materna concentrada en enmendar el árbol que crece torcido.

## L2-L4 Scoliotic Curve

> *My body got distracted*
> *on its search for shape*
> Elisa Díaz Castelo

### I

This is how you will stand out from the rest: god's crooked ruler line drawn down your back. In other words, a section of the spine will express its discontent.
This will be the first failure, visible in backlight on a chest X-ray. Know this: you are different.

### II

"Correct," says the rubric:
braces, belts, corsets, insoles,
swimming classes, orthopedic bed,
special shoes.

### III

She will watch you sadly "must have got it from your father" implicit complaint / tacit desire, to be in time to fix a prior choice. All maternal energy focused on righting the tree that grows crooked.

## IV

Viajarán lejos, a un hospital especializado en columnas:
niños de piernas cortísimas / espinas dorsales tenso arco de una flecha
sin rumbo / manos insurrectas / tortícolis perpetua.
Ante la sensación de vaticinio —los brazos alrededor del rostro en torpe
simulacro del sueño—, construirás una provisional frontera para dejar
salir un llanto de terror discreto.
Frágil equilibrio entre la rabia y la compostura.

## V

El hombre mira, palpa, da pequeños golpes.
Sus dedos patas de araña siguiéndole la pista al defecto.
¿Te duele aquí? Sí / ¿Te duele aquí? No.
De nuevo a la sala de rayos equis
oscura fotografía del silencio del cuerpo
¿cuál es la respuesta correcta?
  Cuando yo le diga no respire.
Su cabeza alineada, por favor.
En breve, un retrato
en el que inútil la sonrisa
como método distractor.
Pero mi madre está mirando, doctor,
y yo necesito al menos una pista.

IV

The two of you will travel far, to a hospital specializing in spines: kids with tiny little legs / backbones tensed arrow of an aimless bow / insurgent hands / perpetual torticollis.

With an air of prophecy—your arms around your face in a crude simulation of sleep—you will build a temporary border to let out a sob of cautious fear.

Fragile balance between rage and composure.

V

The man looks, feels, strikes little blows.
His spider-leg fingers tracing the defect's clues.
Does this hurt? Yes. / Does this hurt? No.
Back to the X-ray room
dark photograph of the body's silence
what's the right answer?
When I tell you, hold your breath.
Head straight, please.
Soon, a portrait
whose smile is futile
as a diversionary tactic.
But my mom is watching, doctor,
and I need at least a clue.

***Retiro espiritual***

*de preferencia había que llorar*
*después de la confesión*
*pero no era un requisito*

*escuchábamos canciones*
*que nunca pasaban en la radio*
*«nadie te ama como yo»*
*decía un cantante a título de dios*

*dos mil años de culpa*
*cayendo sobre veinte adolescentes*
*una aritmética que no admitía divisiones*

*todos habíamos mentido*
*algunos habían probado drogas*
*muchas nos acostábamos con nuestros novios*
*pero matar a Dios*
*es un delito que no prescribe*

*cada pecado que cometes, nos dijeron:*
   *si no quieres estudiar geografía*
   *si miras con lujuria al chico de tercero be*
   *si dices que vas al cine, pero vas a una fiesta*

   *si no te duermes temprano*
   *si deslizas la mano debajo de tu ropa*
   *si piensas con deseo en el de tercero be*
   *si mano y deseo caballos desbocados*
   *si inventas escenarios con desesperación*
   *si por tres segundos      o cinco*
      *darías un dedo para acortar las distancias entre tu casa*
*y la del de tercero*

**Spiritual Retreat**


preferably you cried
after confession
but this was not required

we listened to songs
that never came on the radio
"nobody loves you like I do"
said a singer playing god

two thousand years of guilt
falling over twenty teenagers
arithmetic with no room for division

we had all lied
some had tried drugs
many of us had slept with our boyfriends
but killing God
has no statute of limitations

each sin you commit, they told us:
    if you don't want to study geography
    if you look lustfully at the boy from 3-B
    if you say you're going to the movies but you go to a party

    if you don't go to bed early
    if you slip your hand under your clothes
    if you think desirous thoughts about Mr. 3-B
    if hand and desire runaway horses
    if you desperately make up scenarios
    if for three seconds      or five
    you would give a finger to shorten the distance between
your house and 3-B's

*después ya no, por fortuna*
*el de tercero lejos*
*las falanges en su sitio*

cada pecado que cometes, dijeron, es una espina
una herida al señor nuestro dios

le llamábamos retiro a esas ocasiones de encierro
breves ensayos del infierno
en que éramos aislados del mundo
escuela del arrepentimiento
entrenamiento de la resignación
fortalecimiento del sosiego

no longer, luckily
3-B far away
phalanges in their place

each sin you commit, they said, is a thorn
a wound in our lord god

we called these times of confinement retreats
brief rehearsals for hell
where we were cut off from the world
repentance school
resignation training
peace-of-mind empowerment

*Arte poética*

*Este poema no es más que la posibilidad de volver
no sobre los pasos sino sobre el instante*

*si volviera podría averiguar
por qué el piso de la cocina estaba siempre tan sucio*

*ya sabría ahora qué cosas tuyas se iban a quedar
como mobiliario permanente de la memoria:
tu cazuela con el fondo pandeado,
el cuadro de sombras de caballos de la pared
   un perfume cuya botella tenía forma de cisne*

*no compartimos apellido
porque el nombre de las mujeres
cede el paso a los de esposos y padres*

*¿abuela, por qué no me dejaste un objeto pequeño para recordarte?*

*sólo me queda un gesto al tomar la siesta:
boca arriba con el brazo sobre los ojos*

*como divas de cine antiguo
lamentando un amor que ya no está
pero nadie mira cuando duermo por las tardes*

*este poema es una forma de decirle al mundo que nos pertenecimos.*

## Ars Poetica

This poem is no more than the chance to retrace
not your steps but the moment

if I could go back I'd find out
why the kitchen floor was always so dirty

I'd already know which of your things would remain
like built-in furniture in my memory:
your pot with the warped bottom,
the painting of horses' silhouettes on the wall
    perfume in a bottle shaped like a swan

we don't share a last name
because women's names
give way to names of husbands and fathers

grandma, why didn't you leave me some little thing to
                                        remember you by?

all I have left is a pose when I take a nap:
face up with arm over eyes

like an old-school movie diva
pining over love that's lost
but nobody is looking when I sleep away the afternoon

this poem is a way of telling the world we belonged to each
                                                            other.

***Abuela***

*Nunca más
tu nombre
en vocativo*

*en esa imposibilidad del lenguaje
otra forma del dolor.*

**Grandma**

Your name
never again
in vocative case

in that linguistic impossibility
another kind of pain.

*Arterioesclerosis*

*Mi abuela utilizaba la palabra* arterioesclerosis *para asustarnos
para advertirnos
para mantenernos lejos del amarillo bote de sal de la cocina*

*Nos inoculaba de esa forma la precaución
heptasílaba manera de decir: eso de allá es peligroso
incluso cuando te escondas
cuando tu mano derecha no sepa
lo que hace la mano izquierda
tus valores sistólicos y diastólicos lo saben.*

**Atherosclerosis**

My grandma used the word *atherosclerosis* to scare us
to warn us
to keep us away from the yellow salt pot in the kitchen

She thus inoculated us with precaution
a hexasyllabic way of saying: that stuff's dangerous
even when you hide
when your right hand doesn't know
what your left hand's doing
your systolic and diastolic values do.

*Sandía*

Pienso en esos días como si recordara una foto
los secretos que las moscas guardan entre sus patas
el azul tornasolado de sus alas multicolor
Los ojos que nos ven y no se enteran
la ¿trompa?
absorbiendo el último rastro de sandía desangrada sobre la mesa
en un sacrificio feliz.

Porque estabas tú
y estábamos nosotras
indiferentes al mundo
esas tardes
con la única preocupación
escupir a tiempo las pepitas de la fruta
y tener otra rebanada
y otra.

## Watermelon

I think of those days as if remembering a photo
the secrets flies keep between their legs
the iridescent blue of their multicolored wings
The eyes that see us and don't know it
the... trunk?
sucking up the last scrap of watermelon bleeding on the table
like a happy sacrifice.

Because you were there
and we were there
indifferent to the world
on those afternoons
our only worry
spitting out the seeds in time
and having another piece
and another.

## Gallina cronos

*Hay que temer a la gallina que destroza sus huevos*
  *decía mi abuela*
  *era una advertencia sobre lo irreversible de transgredir*
  *la osadía de ir contra natura*
*no hay más remedio, nos decía*
  *una vez que la catástrofe del pico horadando el cascarón*
  *una vez que la viscosa desobediencia por todos lados.*
*Ni que le cortes el pico*
  *el cuchillo*
  *la olla con agua hirviendo*
  *como único destino posible para ese animal*
*No te comerás el fruto de tu vientre, gallina cronos*
  *emplumado ser*
*en autosustentable solipsismo.*

## Kronos Hen

Be afraid of the hen who breaks her eggs
    my grandma used to say
    it was a warning about how you can't take back
transgression
    the audacity of going against nature
there's nothing for it, she would tell us
    after the horror of beak piercing shell
    after viscous disobedience gets everywhere.
Don't even cut off her beak
    the knife
    the pot of boiling water
    as that animal's only possible fate
Thou shalt not eat the fruit of thine womb, Kronos Hen
    plumed being
in self-sustaining solipsism.

## *Aprendiz de sirena*

aprendí a acomodar el cuerpo
para que a lo lejos
y con la bruma del mar
pareciera atractivo

logré esconder por un tiempo
las garras, los colmillos, los cuernos
enredé las piernas con fuerza
pasé del calambre al dolor
del dolor al entumecimiento

supe modular la voz de tal manera
que atraje de todo:
marineros,
embarcaciones pesqueras,
residuos plásticos,
especies marinas que los científicos habían declarado extintas

habiendo convencido a todo el mundo
comencé a preguntarme
   ¿para qué canté?

## Siren-in-Training

I learned to adjust my body
such that from a distance
and through sea mist
it seemed attractive

I managed for a time to hide
my claws, my fangs, my horns
I wrapped my legs up tight
I went from cramps to pain
from pain to numbness

I learned to modulate my voice so as
to attract all sorts:
sailors,
fishing vessels,
plastic waste,
aquatic species scientists had declared extinct

having convinced every last one
I started to wonder
      why did I sing?

## Análisis

*«Tomando en cuenta que es usted la soñante»*
*me dice*
*como quien ostenta la fotografía*
*de una evidencia dactilar*

*ambos sabemos que es mía*
*la mano que me sujeta el talón*

*tomando en cuenta que yo soy la soñante*
*y bailo conmigo*
*sin poder zafarme*
*de una coreografía de mi invención*

*tomando en cuenta mi carácter de espectadora indignada*
*por el ridículo de la puesta en escena*
*donde soy primera actriz y personaje secundario*
*en el teatro que construí*

*y que sostengo la lata vacía de gasolina*
*y el fósforo que dejé caer*
*como quien no quiere la cosa*
*sobre el telón de terciopelo*
*que tardé tantísimas noches en costurar.*

*«tomando en cuenta que es usted la soñante»*
*repite*
*como si en mis manos estuviera*
*la palanca que detiene el mecanismo*

**Analysis**

"Bearing in mind that you are the dreamer"
he says to me
as if holding up a photograph
of fingerprint evidence

we both know the hand
grasping my heel is mine

bearing in mind that I am the dreamer
dancing with myself
and cannot escape
a choreography of my own invention

bearing in mind my status as a spectator outraged
by the mise-en-scène's absurdity
where I am lead actress and supporting character
in the theater I built

and that I'm holding the empty gas can
and the match I dropped
as if I didn't want it
against the velvet backdrop
it took me so many nights to sew.

"bearing in mind that you are the dreamer"
he repeats
as if I held in my hands
the lever that stops the machine

## *No sé cómo obtuve un pez suicida*

*No sé cómo obtuve un pez suicida. Parecía un animal común. A raíz de esto escribí un mecanismo de defensa que empieza diciendo: quisiste ser pecera. Uno pensaría que después de tanto tiempo fuera del agua hay falta de aire, dolor de cabeza, intranquilidad, confusión. Es asombrosa la capacidad de la memoria para echar su humo blanco sobre asuntos esenciales. "Tu pez se suicidó", me dijo, le pareció gracioso.*

\*

*Para tener hijos había que inyectarnos en el corazón. Madre no quería hacerlo, algo la obligaba. Cuando no pudimos retrasar más el procedimiento, aproveché para saltar un muro y escaparme. Me fui a pasear entre los puestos de ropa de medio uso que huele a humedad, vestidos en el paso previo a ser desechados o pantalones que han alojado por lo menos unos tres pares de piernas distintos.*

\*

*Era verano cuando fui a ver al doctor. "Acompáñeme. Por favor, abra la boca". Algunas cosas son frágiles como cristal de adornito de feria. Por eso cuando el polvo se acumula encima es mejor soplar brevemente, casi sin establecer contacto con el material. Él tomó una muestra de mi saliva y se la tragó. Como si eso fuera a aliviarme o como si con eso pudiera saberse alguna cosa decisiva sobre mí. No repliqué. Alguien entró a la blanca habitación y, sin atender a ninguna otra cosa, dijo: "Muy bien, doctor Fraude, se me va de aquí".*

## I Don't Know How I Got a Suicidal Fish

I don't know how I got a suicidal fish. It seemed like any other animal. Following this, I wrote a defense mechanism that starts by saying: you wished you were a fish tank. One might think, after so long out of the water, there would be shortness of breath, headache, restlessness, confusion. Memory has an extraordinary way of casting its white smoke over essential issues. "Your fish killed itself," someone told me. They thought it was funny.

\*

To have kids, we'd have to be shots in the heart. Mother didn't want to do it, something forced her hand. When we could put off the procedure no longer, I took the chance to jump over a wall and run away. I went for a stroll between the racks of secondhand clothes that smell of moisture, dresses in line to be discarded and trousers that have housed at least three different pairs of legs.

\*

It was summer when I went to see the doctor. "Right this way. Open your mouth, please." Some things are breakable like little party decorations made of glass. So, when dust builds up, it's best to blow it off in short order, making almost no contact with the stuff itself. He took a sample of my saliva and swallowed it. As if this would be of some relief to me, or he could thus reach some concrete conclusion about me. I did not object. Someone came into the white room and, disregarding all else, said, "Alright then, Dr. Fraud, now get going."

\*

*Tengo mis propios problemas. No puedo pasarme la tarde acercando la oreja al interior de un caracol para descifrar el mensaje reiterativo de un mar del que ahora me encuentro lejísimos. ¿No lo has notado? La pregunta por la causa es una trampa, pensar que de haber tenido antes cierto conocimiento uno hubiera podido redirigir el cauce de las costas. En cualquier caso, es esa la única respuesta que obtendrás: escucha con atención.*

\*

*Tuve que levantarme, dejar el sitio que antes ocupaba junto a él. Fue así como empecé a vagar. Ninguno de los ahí presentes me permitía ocupar asiento alguno. Ni siquiera en lo que yo descansaba. ¿En qué puede perjudicarles?, pensé.* Pero nadie atiende a los razonamientos de una sinlugar, porque para poder reclamar un sitio es requisito haber tenido otro previamente.

\*

I have my own problems. I can't spend the whole afternoon pressing my ear to a shell to decode the repetitious message of a sea that's now so far away. Haven't you noticed? The question of cause is a trap, to think that with some prior knowledge one could have revised the course of coastlines. In any case, that's the only answer you'll get: listen closely.

\*

I had to get up, to leave the place I used to occupy beside him. That was how I started wandering. None of those present would allow me to take any seat. Not even when I was at rest. How could it do them any harm? I thought. But no one heeds the reasoning of a *placeless* because to reclaim a place you must have had one previously.

## *Amigo chino*

*mi amigo Li aseguraba provenir del lejano oriente*
*¿exactamente de dónde? le pregunté*
*después-después   decía todas las veces*

*no tenía los ojos rasgados*
*era incapaz de trazar un solo sinograma*
*hablaba un perfecto español,*
*sabía de China lo mismo que cualquier humano*
*elegido al azar*
*en una multitud*

*contra toda evidencia elegí creerle*

*me confundía muchísimo Li*
*cinco años después de conocerlo*
*refería inesperados datos de su vida*
*que él aseguraba que ya me había contado*

*varias veces me pregunté*
*qué clase de poder tenían sobre mí*
*sus ojos de niño extraviado*

*sus exigencias de monarca*
*su curiosidad de nuevo en el mundo*

*en ocasiones él me buscaba*
*y pronunciando cada palabra con solemnidad*
*decía cosas del tipo «Perdí - un - bolígrafo»*
*luego me demandaba consuelo*

*yo regresaba a casa llena de dudas*
*¿era Li un sabio o un simple?*

## Chinese Friend

my friend Li assured me he was from the far east
where exactly? I asked
later, later     he would always say

he did not have slanted eyes
he could not draw a single character
he spoke perfect Spanish,
he knew as much about China as any human
chosen at random
from a crowd

despite all evidence I chose to believe him

Li really confused me
five years after meeting him
he'd bring up unexpected facts about his life
which he assured me I had heard before

I often wondered what kind of power
his eyes like the eyes of a lost little boy
his monarch's demands

his new-to-the-world curiosity
held over me

sometimes he would call me up
and speaking every word so solemnly
say things like "I . . . lost . . . my . . . pen"
and then demand I comfort him

I would go home full of doubts
was Li a wise man or a simpleton?

*a mi amigo le gustaban casi todas las mujeres*
*probablemente también yo*

*jamás pude llorar en su presencia*
*y eso que mi amigo chino expulsaba de su boca*
*palabras víbora constrictora*
*o palabras filito de navaja* gillette

*nuestro último encuentro fue por escrito*
*Li me dejó un emotivo recado: «ven»*
*rumbo a su casa me distraje mirándome un lunar*
*hasta que se hizo de noche*

my friend liked almost all women
likely me too

I could never cry around him
even when my Chinese friend spat
boa-constrictor words
or Gillette-razor words

our last encounter was in writing
Li left me a touching message: "come"
on my way to his house I got caught up looking at a freckle on
                                                              my skin
till nightfall

*Artículo 289*

Según el artículo 289 del código Federal se impondrán de tres a ocho meses de cárcel a quien infiera una lesión que tarde en sanar menos de quince días ¿quien la presienta? ¿quién la intuya? Inferir también significa deducir algo o sacarlo como conclusión de otra cosa. A juicio del juez, dice.

Tras el encuentro, yo siempre acababa con una herida, escoriación o contusión. Una lesión es cualquier daño que deje huella material en el cuerpo. Las lesiones no ponían en peligro la vida de la ofendida. En todo caso, lo difícil de determinar es quién era la parte ofensora y quién la parte ofendida. Estos efectos tardaban en sanar más de quince días.

Quince días es la mitad de un mes y el tiempo que tarda en caer la nómina de nuevo. Es la semana multiplicada por dos. Un grupo de expertos dedicado a mirar heridas durante meses determinó que las más terribles —el horror, la lesión descabellada— perduran de dieciséis días en adelante. Catorce días o menos toma sanar, según los jueces, de las consecuencias casi lógicas del encuentro entre dos o más.

# Article 289

According to Article 289 of the Federal Code, an individual who provokes an injury that takes less than fifteen days to heal will be subject to three to eight months of imprisonment but one who foments it? who prompts it? To provoke is also to arouse or to inspire one action through another. All up to the judge, it says.

After our encounters, I always ended up with an injury, abrasion, or contusion. An injury is any harm that leaves a physical trace on the body. Injuries do not endanger the life of the offended party. In any case, the hard part is determining who is the offending party and who is the offended party. These effects took more than fifteen days to heal.

Fifteen days is half a month and how long it takes a paycheck to arrive. It's one week times two. A group of experts dedicated to observing wounds for months determined that the most terrible ones—the horror, injuries beyond belief—last sixteen days or longer. Fourteen days or less is what it takes, according to the judges, for the near-logical consequences of an encounter between two or more individuals to heal.

***El espectáculo más importante ocurre a un lado de mí en el asiento vacío***

Cuando me dijiste que vendrías preferí no creerte. Pero insististe de modo tal que dudé de mis cálculos y autoricé a la imaginación. Compré un par de entradas para el teatro. Cuando la fecha se acercaba no me dijiste que no vendrías, pero es cierto que todo parecía indicarlo. Quizá lo más indignante fue tener que hacerte la pregunta —a estas alturas— obvia. Ahora que sé que no vendrás, ahora que lo tengo claro, no iré a la taquilla en busca de reembolso.

## The Biggest Show Takes Place Beside Me in the Empty Seat

When you told me you were coming I chose not to believe you. But you insisted so hard I doubted my own calculus and gave free rein to my imagination. I bought two tickets to the theater. When the date grew near you didn't tell me you weren't coming, but things did indeed seem to point that direction. Perhaps the most outrageous part was having to ask you what was—by then—such an obvious question.

Now that I know you're not coming, now that it's clear, I'm not going to the box office for a refund.

## *Un pez*

*Quisiste tragarte un pez*
*ser casa, cueva, refugio*
*pero los peces viven en peceras*
*o, mejor todavía, en el mar.*

*Los peces no viven*
*bajo ninguna circunstancia*
*recuérdalo siempre*
*adentro de las mujeres.*

*Hubo mucho de soberbia*
*en la ambición optimista*
*de convertirte en acuario.*

*Tu estómago no es almacén*
*del agua salada que se produce*
*cada domingo por la tarde*
*o cada miércoles por la mañana*
*en el área frontal de la cabeza*
*detrás del ojo*
*adentro del pensamiento*
*a un costado del lóbulo.*

*Por eso anduviste tanto y tanto rato*
    *—espectáculo más triste—*
*con un cadáver de pez en el vientre.*

*Está durmiendo —dijiste—.*
*y mientras soñabas el sueño de un pez*
*imaginaste piruetas*
*elaboraste virtudes*

## A Fish

You wanted to swallow a fish
be a house, cave, refuge
but fishes live in fish tanks
or, better yet, the sea.

Fishes do not live
under any circumstances
remember this always
in women.

There was a great deal of arrogance
in your optimistic ambition
to become an aquarium.

Your stomach is not a receptacle
for the saltwater produced
every Sunday afternoon
or Wednesday morning
in your head's frontal zone
behind the eye
within thought
to one side of the earlobe.

That's why you went so, so long
    —the saddest spectacle—
with a fish's dead body in your belly.

He's sleeping, you said,
and while you dreamed a fish's dream
you imagined pirouettes
you manufactured virtues

*adquiriste piedras multicolor*
                              *dispuesta a tragártelas*
                              *qué tonta*
*para cuando el pez despertara*


*¿Qué vas a hacer ahora*
                              *es pregunta*
*con toda esa parafernalia*
*colorida evidencia*
*del fracaso?*

you picked up multicolored rocks
                          prepared to swallow them
                          silly girl
when the fish woke up

What are you going to do now
                          I ask you
with all that paraphernalia
colorful evidence
of failure?

*Bolita*

Boleado se llama al ejercicio preescolar de proporcionar volumen y forma esférica a un material plano. A partir de esta práctica los niños aprenden a manipular y reconocer las formas tridimensionales. El tacto advierte la presencia, no hay necesidad de mirar.

\*

Una canica hecha de un material misterioso adentro del seno puede no ser nada, por supuesto. Pero también puede ser tic-tac recordatorio/advertencia/amenaza/pregunta. Puede ser la falsa coral que posee los colores, no el veneno.

\*

Solo un ojo experto puede distinguir. El miedo limita las posibilidades de precisión. Seguro que no es nada, pero mejor no le digas a tu madre. Dile, sí, a tu mejor amiga. No temas. Ve al doctor, tómalo en serio. No le des demasiada importancia. Saca una cita, paga los estudios, espera en el sofá con el teléfono en la mano. Pero no prestes demasiada atención. La preocupación afecta el sistema inmune ¿no lo sabías? Una bolita es inofensiva excepto si está adentro del cuerpo.

**Lump**

"Lumping" we call the preschool practice of lending volume and spherical form to flat material. With this exercise children learn to manipulate and recognize three-dimensional shapes. Touch gives away presence, there is no need to look.

*

A marble made of some mysterious stuff within the breast could be nothing, of course. But it could also be a tic-tac reminder/warning/threat/question. It could also be that fake coral that comes with colors but no poison.

*

Only a trained eye can tell. Fear limits the chances of precision. Surely it's nothing, best not tell your mother. Do tell your best friend though. Don't be afraid. Go to the doctor, take it seriously. Don't think too much about it. Make an appointment, pay for the tests, wait on the couch with your phone in your hand. But don't pay it too much mind. Worry affects the immune system, didn't you know? A lump is harmless unless it is inside your body.

### Práctica de auto amor

*Estuve practicando un ejercicio*
*la consigna:*
*«mastúrbese diciéndose cosas lindas*
*o sucias»*
*lo importante era, se supone,*
*decirme cosas que quisiera escuchar.*

*Después del primer orgasmo lloré*
*no de alegría ni de tristeza.*

*Al cuarto orgasmo*
*se le acabó la pila al vibrador*
*justo cuando estaba a punto*
*de creerme todas las cosas lindas (y sucias)*
*que había armado para mí.*

**Self-Love Practice**

I was doing an exercise
instructions:
"masturbate while telling yourself nice things
or dirty things"
the important part, you'd guess,
was saying things I want to hear.

After the first orgasm I cried
from neither joy nor sadness.

By the fourth orgasm
the vibrator's batteries ran out
just when I was about
to believe all of the nice (and dirty) things
I'd made myself.

## Caracol

admite
    palabra tan seria, tan solemne
que lo que escribes
por salir de ti
trae siempre una marca
    baba de caracol
con la que es posible
    ¿qué le vamos a hacer?
seguirte el rastro

**Snail**

admit
    a word so serious, so solemn
what you write
to get out of yourself
always leaves behind a mark
    snail slime
with which it's possible
    what can you do?
to track you down

## *Juzga menos, acepta más*

Prohibido juzgar a los plátanos del mercado por su apariencia un poco menos amarilla que la de sus semejantes o por esas formaciones suavecitas que delatan la magulladura de su pasado. Prohibido juzgar a los señores que esgarran en la calle, a las señoras que le dicen a su hija ya estás muy gorda, ten cuidado. A los que se cuelan en la fila. A los que te invitan a salir y luego se desentienden. Prohibido juzgar la cantidad de aire que traen las bolsas de Sabritas o la estrategia nacional para fomentar el turismo y a los trenes que atraviesan las selvas. Prohibido juzgar por su sabor ácido al jamón que lleva más de una semana en el refrigerador. Los orificios en los calcetines ajenos. Los pelos en el jabón. El modo casi gracioso en que tu tía se pinta las cejas y que le deja un gesto de estar enojada para siempre. Pero decir casi gracioso es juzgar, así que prohibido. Prohibido también que una mano se entere de lo que dio la otra. Los chistes son, a fin de cuentas, la puesta en evidencia del absurdo y eso también es una forma de juzgar así que prohibido.

## Judge Less, Accept More

No judging the bananas in the market for looking slightly less yellow than their peers or for those soft spots that give away the bruises of their past. No judging the old men who hawk up phlegm in the street, the old women who tell their daughter you're getting fat, be careful. Those who cut in line. Those who ask you out and stand you up. No judging how much air is in the bag of chips or the government's strategy for stimulating tourism and trains cutting through the rainforest. No judging the ham that has spent over a week in the fridge for its sourness. The holes in other people's socks. The hairs on the soap. The almost funny way your aunt draws on her eyebrows so she always looks mad. But saying almost funny is judging, so none of that. And no telling one hand what the other hand has given. Jokes are, in the end, the proof of the absurd and that too is a kind of judging so no jokes.

### *Piensa menos y siente más*

se trata de colocar brevemente la mano sobre la flama de la estufa
corroborar la presencia insistente del ardor

piensa menos, siente más

se trata de ignorar el conocimiento que el fracaso
el dolor
y el ridículo
te han dejado en el cuerpo
hacer de ti una entidad vegetal

está permitida la visión periférica
pero es importante evitar las conclusiones
oblígate a sentir
eres una anémona marina que soporta bien las aguas sucias

si empiezas a imaginar cosas
       el cuerpo propio transformado en carne asada
       la tragedia que encierra la materialidad,
enciende otra vez la estufa.
inténtalo de nuevo
lo único peor que fracasar es rendirse

**Think Less and Feel More**

it comes down to passing your hand over the burner's flame
confirming the persistent presence of heat

think less, feel more

it comes down to ignoring all the knowledge that failure
pain
and ridicule
have left on your body
making of yourself a vegetable entity

peripheral vision is allowed
but you must avoid conclusions
force yourself to feel
you are a sea anemone that gets by fine in dirty waters

if you start imagining things
       the body itself rendered roasted meat
       the tragedy contained in the material,
turn the burner back on.
try again
the only thing worse than failing is giving up

# ALL THE SALT
## *TODA LA SAL*

*There's too much grief. Mother, what shall I do with it?*
*Salt grinding and grinding from the magic box.*
— DENISE LEVERTOV

*Na + Cl → * Na+ + Cl− *→ NaCl*

la sal: no comprarla en lunes. no dejarla caer. en caso de que se desparrame dibujarle encima una cruz. no robarle al mar caracoles ni conchas. van a salar la casa, sus corredores y las camas de las mujeres. una estructura cristalina, una formación cúbica muy sencilla. sal sol ¿qué cosa buscas, más sal? pero si ya tiene. ay, niña. tú quieres ser como las vacas. lamiendo un bloque inmenso todo el día. te vas a hinchar. por lo menos recuerda: no comprarla en lunes. lo salado, al mar.

**Na + Cl → Na+ + Cl− → NaCl**

salt: don't buy it on mondays. don't drop it. if you spill some, draw a cross on top. steal neither snails nor shells from the sea. they're going to salt the house, its hallways and the women's beds. a crystalline structure, a simple cubic formation. sun salt, what are you looking for? more salt? you've already got some. ooh, girl. you want to be like a cow. licking a big old block all day. you're going to swell up. remember, at least: don't buy it on mondays. leave the salty to the sea.

## *Algunas formas de extracción de la sal*

*1: Minería de socavón*

*tiempo atrás*
    *o tiempo abajo*
*hace alrededor de 500 millones de años*
*muy a inicios del paleozoico transcurrir*
*algunos mares optaron por la quietud*
*devinieron roca profunda y blanca*

*para extraer, lo primero será el descenso*
*un silencio sólo posible a novecientos metros bajo tierra*
*quizá más*
*expandir un poco el abismo cada día*

*mediante el sistema de cámaras y pilares*
        *intercalar*
        *lo que sostiene con lo que atraviesa*

*para extraer tanta sal*
*habrá que ir a lo oscuro*
*hacia abajo*
*con ciertos apuntalamientos*
*evitar el derrumbe*
*adivinar las fisuras.*

*la antigua mina de Wieliczka*
*es ahora un sitio turístico*
*uno puede disfrazarse de minero*
*te dan un pico y una pequeña roca de sal*
*para probar la dureza*
*para que digas qué difícil, qué oficio tan arduo*
*luego en la tienda del museo*
*suspirar: qué alivio ser un turista.*

## Some Methods of Salt Extraction

1 : Deep-Vein Mining

a long time ago
          or a long time below
around five hundred million years back
right at the start of the Paleozoic's passage
certain seas chose stillness
becoming deep white rock

the first step to extraction is descent
a silence possible only three thousand feet underground
maybe more
expanding the abyss a little every day

through the system of chambers and columns
        intersperse
            what holds up with what pierces

to extract so much salt
you must go to the dark
downward
with certain underpinnings
avoiding collapse
divining fissures.

the old mine of Wieliczka
is now a tourist attraction
you can dress up as a miner
they give you a pick and a little salt rock
so you can test its hardness
say how tough, what taxing work
then at the gift shop
sigh: thank god we're tourists.

2: *Sal de mí*

*Uno, morder el interior de las mejillas*
*paladear la saliva*
        *ausencia*
        *cavidad*

*dos, practicar la fricción del propio cuerpo con otro*
*luego lamer*
*o bien, hacer una infusión*
*con el rastro blancuzco en la ropa deportiva*

*tres, tragarse una lágrima*

2 : Salt of Myself

One, bite the inside of your cheeks
savor the saliva
               absence
               cavity

two, practice the friction of your own body on another
then lick
or, rather, prepare an infusion
with the whitish traces on your sportswear

three, swallow a tear

3: Sal de mar

    *en el principio fue la vida de otro tiempo*
    *descompuesta*
    *luego la extracción*
*transfiguración en bolsa*
*recipiente*
*botella*

*existe en la sal de mar un agazapado misterio*
*reunión indistinguible de tereftaltato y agua*
*caricia que de tanto ir y venir deslava*
*una forma de tocar que hace de la casi fusión*
*de la mezcla         algo inevitable*

    *en la discreta presencia de los microplásticos*
    *anida la galaxia de lo que fue*
    *coincidencia temporal*
    *reencuentro de miles de seres deseantes*
*el mar como una gran alfombra*
*a donde guardar todo ese polvo*
*con el que no sabemos qué hacer*

    *deshecho es aquello que una vez usado incomoda*
    *avergüenza casi        y si te vi, no me acuerdo*
    *nos comemos aquello que tratamos de olvidar*
    *eterno retorno de lo que ya no*

    *hay un poco de ingenuidad en cada intención de olvido*
    *así cada cosa echada hacia atrás*
    *vuelve, se nos cuela en el cuerpo*

## 3: Sea Salt

   in the beginning was another time's life
   decomposed
   then extraction
transfiguration into bag
bottle
receptacle

there is a crouching mystery in sea salt
   indistinguishable meeting of terephthalate and water
   a caress that comes and goes so as to fade
   a way to touch that makes of quasi-fusion
   of mixture     something unavoidable

   in the discreet presence of microplastics
   nests the galaxy of what was
   temporary coincidence
   reunion of thousands of desirous beings
the sea as a great rug
on which to stock up all that dust
we don't know what to do with
unmade is that which, once used, discomforts
embarrasses almost     and if I saw you, I don't recall
we eat that which we try to forget
eternal return of what's no longer

there's a little naivety in each attempt to forget
and so each thing tossed downward
comes up, sneaks into our body

*vamos por ahí con la inocencia del pez
que prueba el prohibido fruto de poliestireno*

*desconocemos la letalidad
ignoramos qué es lo que se instala
ni cuál de las cosas está ahí solo para pasar de largo
lo sabemos después
tantas veces demasiado tarde*

*lo que sí sabemos es esto:
la toxicidad depende siempre de la dosis
el tamaño del sapo y la pedrada
la diferencia es mucha o toda*

*es un principio básico de la toxicología:
una piedrecita en el zapato o un golpe letal*

*la vida útil          extremadamente breve
de una bolsa de plástico
nos advierte
es en el pecado donde se almacena la penitencia*

*nos sobrevivirá el tereftaltato de polietileno*

we go around with the innocence of a fish
who tastes the forbidden fruit of polystyrene

    we are ignorant of mortality
    we know not what is put in place
    nor which thing is there just to be bypassed
    we find out afterwards
    so often too late

        what we do know is this:
        toxicity always depends on the dose
        the size of the toad and the blow from the stone
        the difference is major or complete

        this is a basic principle of toxicology:
        a pebble in a shoe or a lethal blow

        the remarkably brief        useful life
        of a plastic bag
        warns us
        that penitence is stored in sin

        polyethylene terephthalate will survive us

## Conservador

*Una forma de memoria. Decirle al tiempo ya-ya un poco más despacio. Amarrarle un tobillito a la muerte. No instante sino instalación. Decirle a los minutos y días cuál es la prisa. Engatusarlos. Aunque a final de cuentas la ausencia. El proceso de descomposición. Pero mientras, haz de cuenta.*

## Conservative

A form of memory. Telling time okay, okay, a little slower. Lassoing death's ankles. Not instant but installation. Asking days and minutes what's the rush. Stringing them along. Absence in the end, though. Decomposition process. But in the meantime, play along.

## Método de curación

Le llaman salmuera a la preparación de agua y sal. Un remedio antiguo para sanear heridas adentro de la boca. Una muela fuera, por ejemplo. Para evitar la infección de garganta, disolver en un vaso de agua una pequeña cucharada de sal. Breve simulacro de mar en la cocina. Luego hacer gárgaras. Fingir el ahogamiento próximo pero controlado. El líquido va más allá de la lengua, sólo hasta la puerta de la garganta y ahí, mediante el borboteo, se burla de la posibilidad de la muerte, de la descomposición, de la pestilencia que provoca la palabra no dicha. La sal calma la sangre irritada del cuerpo, el agua permite que se deslice por la cavidad bucal. La palabra atorada no sale, pero tampoco se pudre. Permanece ahí en conserva como una sardina o una aceituna que se lleva a todas partes.

## Curing Method

The mixture of water and salt is called brine. An old remedy for healing cuts inside the mouth. A missing tooth, for example. To avoid throat infections, dissolve a spoonful of salt in a glass of water. Minor simulacrum of sea in the kitchen. Then gargle. Feign drowning, close but controlled. The liquid goes beyond the tongue, right up to the door of the throat, and there, through gurgling, mocks the chance of death, of decomposition, of pestilence brought by the unsaid word. Salt calms the body's irritated blood, water lets it slide throughout the buccal cavity. The word, stuck in, does not come out, but neither does it rot. There it remains, preserved like a sardine or an olive you take with you everywhere you go.

## El mecanismo de la sed

*¿Cómo sé que en verdad tengo sed*
*cuando me levanto por un vaso de agua?*
*desconfío de la señal de mis osmorreceptores*
*así que sostengo el vaso con una especie de fe*

*mientras doy vuelta a la llave y lleno un vaso de agua*
*pienso: esto sin duda está bien*
*la calma del gesto simple*
*inocuidad universal sin lugar para la sospecha*

*imagino a mis ancestras sonreír*
*a mi madre, a mi doctora,*
*a los hombres a los que he amado*
*todos estarán de acuerdo en esto*

*imagino a las monjas de la escuela*
*a la vendedora de periódicos que saludé cada mañana.*

*quizá tomar agua sea lo único que puede hacerse*
*con la garantía de no provocar destrucción*

*no sé si tengo sed*
*pero me aferro a la inocuidad*
*de todo lo demás dudo.*

## Mechanism of Thirst

How do I know I'm really thirsty
when I get up for a glass of water?
I do not trust my osmoreceptors' signal
and so I hold the glass with a kind of faith

while I turn the tap and fill a glass of water
I think: surely this is fine
the calm of simple motion
universal innocuity with no room for suspicion

I imagine my ancestors smiling
my mother, my doctor,
the men I have loved
all would agree on this

I imagine the nuns at school
the woman selling newspapers I greeted every morning.

maybe drinking water is the one thing you can do
that's guaranteed not to bring about destruction

I don't know if I'm thirsty
but I cling to innocuity
everything else I doubt.

## Pulmonata

La tarde en que la encontré
yo sabía
conocimiento adquirido quién sabe dónde
lo que podía pasar.
Ningún testigo en el jardín de la casa.
Yo sabía, pero quería ver.

Quizá por eso fui a la alacena
y tomé el frasco ahora con menos sodio.

Su agonía duró lo suficiente
como para advertir
el costo altísimo de ciertos experimentos
de esta política de sentirlo todo.

Quisiera decir que ese día aprendí
pero todavía hay ocasiones
en las que la realidad,
con la belleza y el horror de sus movimientos,
me atrapa con el frasco de sal en la mano.

**Pulmonata**

The afternoon I found it
I knew
who knows where I had learned
what might happen.
No witness in the house's garden.
I knew, but I wanted to see it.

Maybe that's why I went to the cupboard
and picked out the now-with-less-sodium container.

Its agony lasted long enough
for me to realize
the sky-high cost of some experiments
of this policy of feeling everything.

I'd like to say I learned that day
but there are still times
when reality,
with the beauty and horror of its movements,
catches me with the container in my hand.

# QUISCALUS MEXICANUS
*QUISCALUS MEXICANUS*

*What must happen has great strength.*
MARÍA CANDELARIA REJÓN

*para reproducir la escena del sueño*
*será necesario que Isabel se encuentre*
*tendida boca arriba*
*en la cama de su abuela*


*realizarán los rituales típicos de quien se alista para dormir*


*vestuario (niña): una bata con las siguientes características:*
   *que no corresponda con su talla*
   *con olor a madera de cedro y escamas de jabón blanco*


   *que se haya secado bailando al viento bajo el árbol de mango*


*al centro de la pared un cristo*
*abundante en espinas de plástico*
*distribuidas a lo largo y ancho de la cruz*


*del otro lado, ventana con vista al limonero*
*cerca de la cama —isla desde la que abuela y nieta reordenan*
                                                               *el mundo—*
*una hamaca con un bulto de tamaño mediano*
*es la hermana que duerme en el universo de al lado*

to recreate the scene from the dream
Isabel will have to be
lying face up
on her grandmother's bed


they will perform the normal rituals of those preparing to turn in


wardrobe (girl): a robe with the following specifications:
   not her size
   smells of cedar wood and white soap flakes


   dried out dancing in the wind under the mango tree


in the middle of the wall a crucifix
replete with plastic thorns
distributed all up and down the cross


on the other side, window looking onto lemon tree
near the bed—island from which grandmother and
                      granddaughter reorder the world—
a hammock with a midsized swelling:
sister sleeping in the universe next door

*(solo escenografía, ninguna actriz será contratada para desarrollar*
*este papel)*

*lo que sobre el escenario se presenta es,*
*por decirlo de algún modo, el lugar de retorno*

*en posición horizontal se formulan las preguntas importantes*
*las banalidades de mayor trascendencia*

*Isabel, la de la realidad en dos planos*

*(sábana arriba)*
*: creo que me sacaré una buena calificación en el examen*
*de matemáticas*

*(sábana abajo)*
*entre las manos un* quiscalus mexicanus */ una especie de ave paseriforme, o bien, esos pájaros negros que están en todos los parques / los que se trasladan dando saltitos / aquellos que en días calurosos roban el agua de las mangueras / ojos amarillos y plumas de un negro iridiscente / tan libres / orgullosos dueños de lo que no poseen / se le llama plaga a lo que se adapta y multiplica sin pedir permiso ni ayuda / todavía tienen el descaro de ser una especie territorial / es la astucia de quien toma una miga de pan sin agradecer a nadie / ¿no te da la impresión de que se burlan de todos nosotros?*

(just set dressing, no actress will be cast to play this role)


what is displayed onstage is
what you might call the place of return


horizontally you come up with the questions that matter
the truly significant banalities


Isabel, two-planes-of-reality girl


(on top of the sheet)
: I think I'll get a good grade on my math test


(under the sheet)
in her hands a *Quiscalus mexicanus* / a passerine bird, or one of those black ones you always see in parks / the ones that hop around / the ones that steal water from the hose on hot days / yellow eyes and iridescent black feathers / so free / proud owners of what is not theirs / that which adapts and multiplies asking for neither permission nor help is called a plague / they still have the gall to be a territorial species / the guile of one who takes a crumb of bread and thanks no one / don't they seem to be laughing at us all?

*la niña procederá a desmembrar al ave por secciones*
*primero el cuello diminuto*

*no deberá temer que el crac de las alas*
*llevadas fuera de su posición la delate*
*el ave, entregada a un destino obvio*
 *no opondrá resistencia*

*ave y niña*
*se aproximan a la tarea*
*como a un rito de paso*

*la resignación del animal hará dudar a Isabel*
*piensa: no hay quien se entregue con esa soltura a la destrucción*
$$propia$$

*el procedimiento continúa*
*crac del cuello*
*: en la escuela me va bien*
*crac de las alas*
*: hice una nueva amiga este año*
*crac de las costillas*
*: mis papás ya casi no se pelean*
*crac no especificado*
*: en serio, abue*

the girl will go on to dismember the bird piece by piece
first the tiny neck


she has no need to fear that the crack of the wings
pushed out of position might give her away
the bird, surrendered to an obvious fate
will put up no resistance


bird and girl
approach the task
like a rite of passage


the animal's resignation will give Isabel pause
she thinks: no one surrenders to their own destruction with such
                                                                  ease


the procedure continues
neck crack
: I'm doing well at school
wing crack
: I made a new friend this year
rib crack
: my mom and dad barely fight anymore
indeterminate crack
: really, grandma

*a pesar de la oscuridad, Isabel debe concentrarse en el gesto de su cara*
*un rostro sereno dará como resultado una voz tranquila*


*una voz de no pasa nada*
*desprender las plumas no producirá ningún ruido*
*hacer lo que corresponde no escandaliza a nadie*


*Isabel actuará guiada por la necesidad*
*arrancará como si al finalizar fuera a encontrar la paz*
*la calma que conlleva el silencio*
*hacer lo que toca hacer no genera ningún escándalo*


*será necesario que Isabel se concentre*


*no dejar pista de que aquello fue un ave*
*convertirlo todo en piezas*
*elementos que aun perteneciendo*
*al campo semántico de las aves*
*no puedan reconocerse como unidad*

*un ala no es un pájaro*
*un pico no es un zanate*
*una pata no es un kau*

despite the darkness, Isabel must concentrate on her facial
                                                                            expression
a serene face brings about a tranquil voice


a nothing's-going-on voice
plucking the feathers won't make any noise
doing what needs to be done offends no one


Isabel's hands will be guided by need
she'll pluck as if when finished she'd find peace
the calm that comes with silence
doing what's right won't offend


Isabel will need to concentrate


leave no clues that this was once a bird
turn the whole to pieces
elements that while belonging
to the semantic field of birds
cannot be seen as one thing

                a wing is not a bird
                a beak is not a rook
                a leg is not a caw

*lo siguiente deberá ejecutarse de la forma más cercana a la*
*espontaneidad*
*de modo que envolver con los dedos la pequeña cabeza del pájaro y*
*tirar, sean una misma cosa*


*ante el cumplimiento del deber no hay lugar para la sorpresa*


*lo raro será para Isabel*
*que un movimiento tan brusco*
*no despierte sospechas*
*por si las dudas, la niña retomará la conversación trivial*
*o hará una pregunta cuya respuesta conozca*


*tendrá que aguantarse las ganas de presenciar el desastre*
*es larga la lista de mujeres que lo han arruinado todo por mirar*


*Isabel confiará en el sentido del tacto*
*arrancará un pedazo restante de ala*
*sabrá que eso es cada vez menos pájaro*
*se acercará al final*


*solo hasta que no quede una pieza de ave pegada a la otra,*
*comenzará a preocuparse por la catástrofe de sangre y plumas*
*solo hasta entonces percibirá el tacto de un líquido caliente sobre la*
*piel*

what follows must be done with something like spontaneity
such that wrapping fingers around the bird's little head and
                        pulling are almost the same


fulfilling duty leaves no room for surprise


the strange part for Isabel
will be that such a sudden move
arouses no suspicion
just in case, the girl will get back to the trivial conversation
or ask a question whose answer she knows


she will have to endure her urge to witness disaster
a long list: women who have ruined everything by looking


Isabel will trust her sense of touch
she will pull off a remaining piece of wing
she will know this is less and less a bird
the end will grow near


only when not one piece of bird is stuck to another
will she start to worry about the catastrophe of blood and
                        feathers
only then will she notice the feel of a hot liquid on her skin

*una mano invisible activará el interruptor de la luz*
*: ¿qué estás haciendo, Isabel?*
    *antes de escrutar el rostro de su abuela, la niña levantará la sábana*
        *(ahí no deberá haber sangre, plumas ni rastro de pájaro)*
*ante la visión de la superficie inmaculada*
*sobrevendrá el terror*
*transcurre una década*
*otra versión del cuerpo propio*
*habitación distinta*
*vestuario (mujer): vestido confeccionado en capas de encaje y tul bordados*
        *aretes en préstamo*

*la urgencia de una cita impostergable*

*esa mañana al levantar la sábana tampoco hubo plumas*
*sobreviene el terror*
*hacer lo que corresponde no escandaliza a nadie.*

an invisible hand will flip the light switch
: what are you doing, Isabel?
before poring over her grandmother's face, the girl will lift the
                                                                                      sheet
    (there should be no blood, no feathers, no trace of bird)
from the sight of that immaculate surface
will well dread
a decade passes
another version of a body of one's own
different room
wardrobe (woman): dress made up of layers of lace and
embroidered tulle
                 borrowed earrings

the urgency of an unpostponable date

that morning too when the sheet lifted there were no feathers
dread wells
doing what needs to be done offends no one.

# TRANSLATION AS APPROXIMATION

I was invited to translate *Aproximaciones sucesivas* by Garcilaso Pumar, editor in chief of Alliteration Publishing and leader of literary nonprofit Lugar Comun, after the book deservedly won the fifth Concurso Anual de Poesía Lugar Comun. Nonetheless, as I read and then translated these poems by Lolbé González Arceo, I came across a series of happy coincidences between her interests and mine, and between her concerns as a poet and mine as a translator, which would have led me to pitch this translation to a friend like Garcilaso even if he hadn't already asked for it.

Some of these coincidences are simple and have more to do with lived experience than with poetic preference. As a trained psychologist, Lolbé often leans into the terminology of science and medicine; as the son of a biochemist, I grew up surrounded by language that was similarly esoteric and evocative. Lolbé writes touchingly about scoliosis and futile efforts to treat it; as an adolescent, I happened to star in a scene much like the one depicted in "L2-L4 Scoliotic Curve." In the book's final section, "*Quiscalus mexicanus*," Lolbé shows us a child whose sense of self comes apart—like the body of the bird beneath the sheets—while her "trivial conversation" with the outside world goes on apparently uninterrupted. Who among us hasn't lived through something like this?

But there is also a deeper resonance in these pages between Lolbé as a poet and myself as a translator. Throughout this book, she appropriates the lexica of various fields apparently foreign to poetry and, with subtle twists and tweaks, reveals them to us as eminently poetic. *Successive Approximations* is thus not so much a book of poems about chemistry, anatomy, jurisprudence, and psychology as a book of chemistry-, anatomy-, jurisprudence-, and psychology-as-poetry. It helps us understand that all the world's a poem, to misquote Shakespeare; every element of our surroundings is in fact imbued with a poetic resonance that, with skill like Lolbé's, can be distilled and laid bare on the page.

This achievement is a kind of translation in and of itself. Lolbé has seen hidden meanings within languages that seemed to tell us something else and has shared these meanings such that they now seem so clear we can't believe we didn't spot them ourselves. In this sense, Lolbé—like all poets, perhaps—is a translator as well.

The first day I sat down with this book, I learned "successive approximations" are, according to the American Psychological Association, "a method of shaping operant behavior by reinforcing responses similar to the desired behavior"—in layperson's terms, nudging someone gradually closer and closer, with dogged determination, to a utopian goal. This too is translation: an inherently imperfect motion in the direction of meaning, an approximation in its own right. I am thankful to Lolbé and to my friends at Alliteration for allowing me to nudge these poems down their path.

ARTHUR MALCOLM DIXON
February 2024

# INDEX

| | |
|---|---|
| THE POWER OF LONGING | 3 |
| SUCCESSIVE APROXIMATIONS | |
| *APROXIMACIONES SUCESIVAS* | |
| *Desiré* | 10 |
| Desiré | 11 |
| *Accidente geográfico* | 12 |
| Geographic Accident | 13 |
| *Una cuestión de consanguinidad* | 14 |
| A Matter of Consanguinity | 15 |
| *Curva escoliótica l2-l4* | 16 |
| L2-L4 Scoliotic Curve | 17 |
| *Retiro espiritual* | 20 |
| Spiritual Retreat | 21 |
| *Arte poética* | 24 |
| Ars Poetica | 25 |
| *Abuela* | 26 |
| Grandma | 27 |
| *Arterioesclerosis* | 28 |
| Atherosclerosis | 29 |
| *Sandía* | 30 |
| Watermelon | 31 |
| *Gallina cronos* | 32 |
| Kronos Hen | 33 |
| *Aprendiz de sirena* | 34 |
| Siren-in-Training | 35 |

| | |
|---|---|
| *Análisis* | 36 |
| Analysis | 37 |
| *No sé cómo obtuve un pez suicida* | 38 |
| I Don't Know How I Got a Suicidal Fish | 39 |
| *Amigo chino* | 42 |
| Chinese Friend | 43 |
| *Artículo 289* | 46 |
| Article 289 | 47 |
| *El espectáculo más importante ocurre a un lado de mí en el asiento vacío* | 48 |
| The Biggest Show Takes Place Beside Me in the Empty Seat | 49 |
| *Un pez* | 50 |
| A Fish | 51 |
| *Bolita* | 54 |
| Lump | 55 |
| *Práctica de auto amor* | 56 |
| Self-Love Practice | 57 |
| *Caracol* | 58 |
| Snail | 59 |
| *Juzga menos, acepta más* | 60 |
| Judge Less, Accept More | 61 |
| *Piensa menos y siente más* | 62 |
| Think Less and Feel More | 63 |

ALL THE SALT
*TODA LA SAL*

| | |
|---|---|
| *Na + Cl –> Na+ + Cl– –> NaCl* | 68 |
| Na + Cl –> Na+ + Cl– –> NaCl | 69 |
| *Algunas formas de extracción de la sal* | 70 |
| Some Methods of Salt Extraction | 71 |
| *Conservador* | 78 |
| Conservative | 79 |
| *Método de curación* | 80 |
| Curing Method | 81 |
| *El mecanismo de la sed* | 82 |
| Mechanism of Thirst | 83 |
| *Pulmonata* | 84 |
| Pulmonata | 85 |

Quiscalus Mexicanus
*Quiscalus Mexicanus*
   *para reproducir la escena del sueño*    90
   to recreate the scene from the dream    91

Translation as Approximation    103

**SUCCESSIVE APPROXIMATIONS | LOLBÉ GONZÁLEZ ARCEO**

*Made in Miami Beach ~ Printing as needed*

◊◊◊

**2 0 2 4**

www.ingramcontent.com/pod-product-compliance
Lightning Source LLC
Chambersburg PA
CBHW030049100426
42734CB00038B/987